예의 바른 딸기

예의 바른 딸기

김미희 동시집 | 안재선 그림

작가의 말

시를 만나는 날

내 몸에는 수많은 이들이 살아요.
아마 여러분 몸에도 살고 있을 거예요.
눈, 코, 입, 손, 발, 귀, 머리, 다리…….

어느 날이었어요.
만날 자판이나 두들기고 연필이나 쥐고 숟가락 젓가락만 들던 손가락 군이 말했어요.
"나 우울해."
어쩌겠어요. 햇볕을 쪼여 주기로 했죠.
또 어느 날이었어요.
방학이라고 씻지도 않고 텔레비전 앞에, 휴대전화 앞에만 있느라 발가락 양이 답답하다고 칭얼댔어요.
어쩌겠어요.
손가락, 머리카락 등등 다른 애들이 귀찮다고 했지만 바람을 쏘여 주기로 했지요.

며칠이 지났죠.
이번에는 귓불 아주머니가 심심하다고 해서 거리에 흘러 다니는 수다를 들려주기로 했어요.
그뿐이게요. 오늘은 고개 언니(별명이 목이에요)가 뻣뻣하대서 경비 아저씨 앞에서 숙이기로 했어요.
아파트에서 만나는 사람마다 꾸벅 인사를 했어요.
하늘을 본답시고 깜짝 놀라게 뒤로 확 젖히기도 하고요.
구시렁대는 분은 또 있어요.
머리카락 아저씨가 춤추는 걸 잊어버리겠다고 볼멘소리를 했어요.
달리기는 엄청 못하지만 달리며 바람 리듬을 타게 해 줬지요.
머리카락 아저씨는 아주 신나서 얼굴 아줌마가 귀찮다고 하는데도 자꾸 달라붙어서 간지럼을 태웠어요.
어쩨 며칠 조용하다 했더니 이번에는 입꼬리 꼬마가 울상이 되어 말했어요.
"자꾸 처지는 게 걱정돼. 못난이 같아."
입꼬리는 정말 축 처져서 못생겨 보였어요.
밖으로 나가 아장거리는 아기를 보며 씨익 웃어 줬어요.
친구들도 만나 신나게 놀았지요.
입꼬리가 쑤욱 올라가더니 좋아서 어쩔 줄을 몰라 했어요.
어제는 택배가 왔어요. 며칠 전 주문한 바지 씨와 함께요.

바지 씨는 상자에서 나오자마자 현관에 서 있어요.
자랑하고 싶어서 난리도 아니에요. 막 깡총거리는 거 있죠.

나는 내 몸에 사는 이들의 말을 잘 들어요.
시가 오는 건 아주 짧은 순간이에요. '찰나'라고 하더라고요.
시가 오면 거침없이 휙 낚아채야 해요.
달리기는 꼴등이지만 시 잡기는 일등이고 싶어서 함께 나온 부대원들에게 도와 달라고 하죠.
내 몸에 살고 있으니까 그런 부탁쯤은 들어주어야 하잖아요.
시를 만나는 일은 어느 날 문득 일어나요.
시를 만나야지, 만나야지 주문을 외우면서 다녀요.
여러분도 주문을 외워 볼래요?
'오늘, 시를 만나야지.'
주문이 효과가 있었나 봐요. 우리 이렇게 만났으니까요.
심심했던 눈동자 씨가 활약할 시간이군요.
맛있게 읽어 주길 바랄게요.
눈동자 씨! 아니, 마음 씨!

달님이랑 채팅하는 날에
김미희

차례

작가의 말 시를 만나는 날 • 5

1부 낱말이 꿈틀꿈틀

예의 바른 딸기 −먹다1	• 14
생선 양말 −먹다2	• 15
이를 먹는 치과 의사 −먹다3	• 16
구름을 먹어야겠어 −먹다4	• 18
김을 먹는 염소 −먹다5	• 19
비눗방울 −먹다6	• 20
지렁이 −먹다7	• 21
모자를 먹는 사람 −먹다8	• 22
마지막 여행 −가다1	• 24
이런 도둑 환영합니다 −가다2	• 26
감자의 날 −감다1	• 27
톱질 −감다2	• 28
구멍난 양말 −숨다1	• 30
빗방울 −숨다2	• 31
고자질 −숨다3	• 32

끊어진 그네 –숨다4	· 34
솔잎 –팔다1	· 35
장사꾼 생쥐 –팔다2	· 36
이끼 –팔다3	· 37
엄마가 팔고 싶은 것 –팔다4	· 38

2부 상상력이 무럭무럭

눈	· 42
파도	· 43
모자	· 44
기차	· 45
날씨 : 눈 그리고 비	· 46
불꽃놀이	· 47
기차역	· 48
가방	· 49
고치	· 50
사다리	· 51
운동화 끈	· 52
나뭇잎	· 53
병	· 54
애벌레	· 55

해	• 56
콩나물	• 57
자갈	• 58
선물	• 59

3부 동심이 간질간질

네 죄는 무엇이니?	• 62
상자 뚜껑이 하는 일	• 63
다들 밥값 하느라	• 64
의자의 발 냄새	• 65
고객 감사 파티	• 66
이별 인사	• 67
겨울이 준 선물	• 68
날고 싶니?	• 69
아기 캥거루는 삐칠 수도 없어	• 70
어디 보자	• 71
사람을 찾습니다	• 72
붕어빵 사 먹었나요?	• 74
달이 슬퍼할 땐	• 75
시험 치는 시간	• 76

웃음 담긴 항아리	· 77
어쩌다 꿀꺽!	· 78
오늘은 쉽니다	· 80
엘리베이터야, 응답해	· 81
풍경 낚시	· 82
콧구멍은 꼭 필요해	· 83
베란다에 빨래 심기	· 84
미래 자동차	· 86
할머니의 휴식	· 87

1부
낱말이 꿈틀꿈틀

예의 바른 딸기
－먹다 1

접시에
가지런히
줄을 선 딸기들

입속 동굴로
들어올 때는
접시에다 사뿐히
초록 모자를 벗어 두지요

생선 양말
-먹다 2

우진이는 축구를 좋아해

우진이 양말이
침대 밑에서
시간을 먹고
또 먹으면
어느 순간
생선으로 변하지

으으, 생선 고린내!

이를 먹는 치과 의사
−먹다 3

일곱 살짜리 건이가
오늘은 치과 의사
옥수수 환자가 들어왔지

어디 보자,
벌레 먹은 이가 있나?
이는 잘 닦았나?
이가 고른가?

옥수수를 앞에 두고
의사가 연거푸 하는 말
"이가 너무 많아."

엄마 간호사가 넙죽 말했어
"선생님, 이럴 땐 과잉 치아라고 한답니다.
 좀 빼 줘야 하지 않을까요?"

우적우적
건이가 이를 먹었어
나머지도 건강한 이인지 먹어 봐야 알겠어

의사는 한 알 한 알
이를 빼서 전부 먹어 버렸지

구름을 먹어야겠어
- 먹다 4

큰일이야
가뭄이 계속되고 있어

옳지, 맑고 흰 구름을
싸악 없애 버리면 비가 올 거야

구름들이 화가 나서
비를 뿌릴 거야
어서어서 먹어 치우자

솜사탕 가게에는
가뭄을 물리칠 아이들이 줄을 서 있어

김을 먹는 염소
- 먹다 5

염소가 책을 만났어
얇고 맛있는 김
네모 반듯
잘도 찍어 말렸구나

200쪽짜리 책
염소 한 달 치 겨울 반찬
날마다 둘둘 말아
김밥 한 줄씩
맛있겠는걸

비눗방울
-먹다 6

바람은 호오
왕방울만 한 비눗방울 사탕을 만들어
훅! 한입에 먹어 버려요

동그란 비눗방울 사탕은
바람 입속으로 들어가고
사탕 껍질만
얇디얇은 흔적으로 남았어요

지렁이
-먹다 7

시험 문제
"①~⑤번 중에서 고르시오."

~, 지렁이 안에는
②, ③, ④가 들어 있다

우리는 지렁이 몸속을
안 봐도 다 안다

지렁이는
②, ③, ④를 먹었다

모자를 먹는 사람
-먹다 8

온갖 모자를 파는 모자 장수
거리를 걸어가네

세상에!
고깔모자에 아이스크림을 넣어 먹는
사람들을 만났네

맙소사!
아이스크림을 먹고는
모자까지 우적우적 먹어 치우네

모자 장수는 모자들을
꼭꼭 숨겼네

마지막 여행
- 가다 1

우리 집 소가 팔려 갈 때
트럭 타고 갔습니다

새 자동차도 팔려 올 때
트럭 타고 옵니다

소 눈망울이
슬퍼 보였습니다
자동차는 슬픈지 기쁜지
알 수 없었습니다

자동차는
우리 소처럼
슬프진 않을 것입니다
곧 네 바퀴로
달릴 수 있을 테니까요

더 걷고 싶은 우리 소가
팔려 갑니다
트럭을 타고 마지막 여행을
떠납니다

마지막 여행은 절대로
기억에 남지 않았으면
좋겠습니다

이런 도둑 환영합니다
- 가다 2

속상함
두려움
짜증
무서움을
가방 가득
꼭꼭 담아서 가져가세요
보고도 못 본 척 눈감아 줄게요
신고하지도 않을게요

대신,
웃음 하나만 놓고 가세요

감자의 날
- 감다1

목도리 뜨고 남은 풀어진 털실을 감자
너무 춥다 목도리 둘둘 감자
땀난다 머리 감자
개운하니 잠 온다 눈 감자

감자
감자
감자
감자
감자 먹고 싶다, 찐 감자

톱질
– 감다 2

전기톱을 거부한
나무와 나무꾼이
대화를 나누는 시간

톱이
나무꾼에게
나무꾼이
톱에게
유언을 남기는 시간
유언을 받아 적는 시간

새로 나게 해 달라는
꼭 그렇게 하겠다는
약속의 시간

나무는 나무꾼이
약속을 지키리라 믿습니다

나무꾼 얼굴에 흐르는
땀을 보았기 때문입니다
나무는 이제 아픔을 내려놓고
눈을 감습니다

구멍 난 양말
- 숨다 1

옥황상제님한테
혼나면 어쩌려고
달이 아빠 발뒤꿈치에
숨어들었습니다

아빠는 달을 며칠째
달고 다닙니다
아빠한테 숨어서도
달은 조금씩 커집니다

달을 달래고 오므려 하늘로 보내 줄
우리 엄마는 며칠째
아니 돌아오십니다

엄마는 어디에 숨은 걸까요?

빗방울
- 숨다 2

비 갠 뒤

연잎 위에

징

검

돌

햇살이

콩

콩

콩

다 건너면

숨어 버리는

돌

고자질
- 숨다 3

아빠가 복도를 지나
집으로 다가오는 소리

후다닥,
어디 어디 숨을까?
벽장이 좋겠는데
저기 숨으면
절대 못 찾을 텐데

무서워
무서워
벽장은 무서워

신발 벗는 소리
에라, 모르겠다
안방 벽장 스위치를 눌러
불을 켜고 숨었다

우리 슬기 어디 있지?
오오라,
새어 나온 불빛에
알겠다, 알겠어

그래도 아빠가 계속
우리 슬기 어딨지?
못 찾겠네, 못 찾겠어!
입으로만 찾느라 바쁜 사이
옷 다 갈아입었다

옷을 걸어 둬야지
아니, 여기 있었네!
우리 슬기 찾았네, 찾았어!

아빠!
술래는 아빠에게 와락 안겼지

끊어진 그네
- 숨다 4

놀이터로 온 도마뱀이
그네 되어 숨어 있었어

무시무시하게 힘센 네가 오니까
꼬리를 댕강 자른 거지
도망가려고

어떻게 아냐고?
안 그러면 그네가 왜 끊어졌겠니?

쉿!

솔잎
-팔다1

햇살을 잣고
바람을 깁고
빗방울을 꿰고 싶으세요?

그럼, 이 바늘 사 가세요

장사꾼 생쥐
-팔다 2

생쥐가 집을 팔아요

엄청나게 잘 팔려요
불티나게 팡팡 팔려요

치즈로 만들었거든요

오늘은 지붕을 먹어 치우고
내일은 오른쪽 벽을 먹어 치우고
또 왼쪽 벽을 먹어 치우고

살던 집을 다 먹어 치운 생쥐들이
집을 파는 가게 앞에 또 길게 줄을 서요

이끼
-팔다 3

산에 온 손님들에게
꺽다리 나무 마네킹이
수십 년에 걸쳐 만든
초록 옷을 입고
뽐내고 있어요
세상에 한 벌밖에 없는 옷이래요

옷을 갖고 싶으면
자기 곁에
오래
가만
서 있기만 하래요
시간이 옷값이라나요

엄마가 팔고 싶은 것
-팔다 4

언제인지 모르지만
싫어요가 우리 아이 몸속으로 들어왔어요
똥으로도 안 나오고
오줌으로도 안 나오고
콧물로도 안 나오고
재채기로도 안 나오고
눈물로도 안 나오고
입으로만 나옵니다

누가 우리 아이 '싫어요'를 사 가세요
공짜로 드릴게요
덤으로 '안 해요'도 드립니다

2부 상상력이 무럭무럭

눈

눈사람을 불러 모으는
초대장

파도

꼭
바람이
깨워야만
일어납니다

모자

둥근 챙으로
뜨거운 해에 맞선다

힘센 장사 하나
머리에 얹었다

기차

나도
한 번쯤은
가 보지 않은 길로

여행을
떠나 보고 싶어

날씨 : 눈 그리고 비

눈이
훨훨
내려오다

날개를
잃어버려

비
비

불꽃놀이

하늘 꽃밭에
활짝 핀
꽃송이

순간을 살고
지는 꽃

꽃말은
감탄!

기차역

기차는
일 마치고
집에 들어가면
누가 반겨 줄까?

가방

띄어쓰기
실수하면
아버지를
가둘 수도
있는 곳

고치

꽁꽁 미라가 되어
나뭇가지에 달린
애벌레 무덤들

꼭꼭
발굴되지 않기를!

사다리

다섯 살짜리 동생이
사다리를 오릅니다
한 칸
한 칸
한 발
한 발

뒷산에서 출발
설악산을 거쳐
한라산에 닿고
백두산을 지나
에베레스트 꼭대기까지

동생이 오른 산
우리 마당 한쪽에
우뚝 들어앉은 산

운동화 끈

깨끗하게 목욕을 끝낸
기다란 벌레가

이 구멍으로 쏙
저 구멍에서 불쑥

구멍을 오가며
외투 앞섶을 여며요

나뭇잎

애벌레는
꼼틀꼼틀

초록 색종이를
접어 보고 싶지만

돕돕돕
오리기밖에 되지 않아

병

뚜껑을 벗어던지면
병은 병이 아니다

진열대와 상자라는
감옥에서 풀려나

꽃을 맞아들이고
휘파람을 불고
땅에 꽂혀 어느 담장이 되고

그러다 언젠가는 병으로
다시 돌아가기도 하고

애벌레

똑똑, 똑똑
들어가도 되나요?

나뭇잎 문 앞에서
애벌레는 손으로
노크할 수가 없어
이빨로 노크를 했죠

그랬더니 기다렸다는 듯
동그랗게 문이 열렸어요

해

동쪽엔 대체 어떤 닭이 살기에
아침마다 하루도 거르지 않고
저렇게 큰 알을 낳을까?

서쪽은 또 무슨 일을 했기에
그 알을 날름 받아먹기만 할까?

콩나물

시루 안에서
고물고물
검은 껍질을 벗은
노랑 올챙이들이
위로
위로
꼿꼿이 서서 헤엄치네요

물을 뒤집어쓰면
깔깔깔
더 신나서
머리를 밀어 올리지요

귀엽다고
쓰다듬지는 마세요
올챙이도 만지면
꿈틀거리거든요

자갈

거인의 공깃돌

어떻게 하면 늘어놓은
저 공기를 다 집을까
거인은 아직도 고민 중

선물

겨울이
더 나아

여름이면
으쓱해지는 겨울

여름이
더 나아

겨울이면
으쓱해지는 여름

겨울은 여름에게
여름은 겨울에게

시로 선물

3부

동심이 간질간질

네 죄는 무엇이니?

컵이 기울어지자
컵에 갇혔던 물
탈출 시작

우르르 걸레로
들어가 숨었다

다시
걸레에 갇혔다

상자 뚜껑이 하는 일

상자 안에 사는
물건들에게

낮
밤을
만들어 주지요

다들 밥값 하느라

세탁기 빨래 시작
로봇청소기 청소 시작
밥솥 취사 시작

우리 동생
젖 달라고
울기 시작

의자의 발 냄새

우리 집 의자는
시끄러운 발을 가졌어
조용해지라고
엄마가 양말을 신겼어

양말을 신자 폴폴
의자에서 발 냄새가 나는 것 같아

식탁 의자가
코를 쥐고
눈살 찌푸리는 내게 말했어

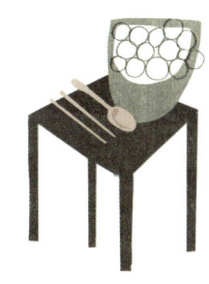

너도 생각 좀 해 봐
앉아 보지 못한 채
다리를 네 개씩이나 가지고
제자리걸음만 해야 하는 게
얼마나 힘든지
냄새날 만도 하지

고객 감사 파티

새해가 시작되자
새우깡 과자 회사는
지난 한 해 동안
과자를 많이 팔아 준
고객들을 초대해
파티를 열었어

갈매기 1
갈매기 2
갈매기 3
갈매기 4
갈매기 5
갈매기 6
……

갈매기들이
끝도 없이 들어왔어

이별 인사

쨍그랑!

그동안 함께해서 고마웠다는
이제 그만 헤어져야 한다는
유리컵의 마지막 인사

그리워하지 말라는
유리컵의 유언

태어나 처음이자
마지막으로 한 말

쨍그랑!

내가 가장 아끼던 컵이
떠났다

겨울이 준 선물

저기
아이들이 만든
하얀 사람들

신이 아닌 아이들에게
사람을 만들 수 있는
놀라운 능력이
숨어 있음을
알게 해 주었습니다

날고 싶니?

42.195킬로미터
활주로를 달려!

결승점이 다가오면
두 팔을 벌리게 돼
비로소 날개가 달리지

마침내 이륙!
또 한 사람 이륙!
마침내 너도 이륙!

날고 싶은 사람들이
저렇게 많이 달려오고 있어

아기 캥거루는 삐칠 수도 없어

아기 캥거루는
아무리 화가 나도
자기 방을 '쾅' 닫을 수 없어

방에 들어가 봐야
엄마 품인걸
문을 잠글 수도 없어

아기 캥거루가 바라는 건
자기 방을 갖는 것
쾅!
자기 방 문을 닫아 보는 것

어디 보자

내 새 우산이
보고 싶어
비들이 내려온다

내 새 장화가
보고 싶어
비들이
뛰어
내려온다

사람을 찾습니다

아주아주 추운 날
이 사람을 만났어요

호호 불며
호떡을 함께 먹고 싶은데
안 된대요

난로 앞에서
차가워진 손을 쬐고 싶은데
그럼 큰일 난대요

목욕탕에서
몸을 푹 담그고 놀자 해도
그럴 수 없대요

안 돼 안 돼 안 되는 것이
너무 많아 속상해요

겨울인데 맨몸으로
마당에 서서
나를 기다려요

이 사람은 가기 싫다는데
해님이 와서 데려가 버렸어요

누가 해님한테 가서
이 사람 좀 데려와 주세요

붕어빵 사 먹었나요?

붕어는 할 말이 많았던 거야
사람들 입속으로 들어가
말을 하고 싶었던 거지

붕어빵을 먹은 아이들은
수업 시간이면
붕어 대신 선생님 눈을 피해
붕어 말로 **뻐끔**거렸어
뻐끔뻐끔(김건, 왜 지각했어?)
뻐끔뻐끔(쉬는 시간에 축구하자)

달이 슬퍼할 땐

속상한 일이 있나 봐요
나처럼 혼났는지도 모르죠

슬픔이 가시거든
천천히
눈물 닦고 나오라고
구름이
살포시 가려 주네요

우리 모두 기다려 주자고요

시험 치는 시간

시험지,
너른 들판을 달려

내 심장을 향해
쳐들어오는 소리

사각사각 사각사각
연필을 타고 달려오는
천만 대군 말발굽 소리

웃음 담긴 항아리

ㅎㅎ
할머니한테서 온 문자

가만 보니
얌전히 뚜껑 닫은
항아리가 두 개

웃음조차
항아리에
담아 보내셨다

항아리에 사는
할머니 웃음

오래 묵힌
구수한 웃음소리

들린다 들려
<u>ㅎㅎ ㅎㅎ</u>

어쩌다 꿀꺽!

아몬드 한 알이
입속으로 들어가자
자동차가 되었어요

아이쿠,
이 톨게이트에
부딪혀 산산이
부서지기 전에
하이패스 차선으로
달려 내려갔어요

탈
탈
탈
탈
탈

아몬드 자동차가
구불구불
내 몸속을
달리고 있어요

오늘은 쉽니다

아침에 늦잠 자는 바람에
학교에 휴대폰 데리고 가는 걸 깜박
휴대폰이 결석

간밤에 술에 취해 늦게 들어온 아빠
정신없이 출근하더니
아빠 휴대폰도 오늘 결근

결석하고
결근하고
오늘 하루 집에서 쉬는 휴대폰

어떤
신나는 일을 하고 있을까

엘리베이터야, 응답해

백화점에 간 우리 할아버지
8층에서 엘리베이터를 기다립니다

1층으로 가려면
내려가기 버튼을 눌러야 하는데
올라가기 버튼을 누릅니다

"1층에 있잖아
엘리베이터를 불러 올려야지."

할아버지 얘기를 못 알아듣는
엘리베이터는 꼼짝도 하지 않습니다

풍경 낚시

빨리 달리는 자동차에서는
풍경을 낚을 수가 없어요
마음 바구니에 넣을 게 없을걸요

풍경을 낚으려면 천천히 가야 해요
아니, 그보다 가만 멈춰 서서 낚는 게 좋겠어요
어쩌면 월척을 만나게 될지도 모르지요

그럼 우리, 말 나온 김에 낚시하러 떠나 볼까요?

콧구멍은 꼭 필요해

콧구멍이 없으면
절대 안 돼
코딱지를 팔 수가 없어
코딱지를 팔 수 없으면
손가락이 심심해
손가락이 심심하면
놀아 달라고 귀찮게 굴어
그래서 코가 꼭 있어야 해

기왕 코가 달릴 거면
두 개 달리면 좋겠어
잘난 척하는 엄지 빼고
네 손가락으로 한꺼번에 코딱지를 파게

그보다 코가 배꼽에
달리는 게 좋겠어
책상 아래서 아무도 몰래
코딱지 팔 수 있게

베란다에 빨래 심기

빨래를 널어요, 엄마가
골고루 만나야죠, 바람을 해를

앞줄을 차지한 건
몸집 작은 팬티 양말 손수건
키 순서대로 한 걸음씩
밀려 선 빨래들

큰 키에도 불구하고
앞줄 서게 된 아빠 티셔츠
웅크리지 말아요
바람도 지나기 쉽고
햇살도 지나기 쉽게
얇디얇으니까요

햇살이 나들이 오기 좋은 날
빨래를 심어요, 엄마가
빨래 건조대가 화단이에요
빨래를 심어요, 엄마가
오늘 같은 날이면

미래 자동차

여기서부터는 논두렁
개구리 나라입니다
자동차가 움직일 때
개구리 소리로 바꾸겠습니다

논 안에서 개구리 개굴개굴
논 밖에서 자동차 개굴개굴

여기는 학교 앞입니다
자동차가 움직일 때마다
아이들 웃음소리로 바꾸겠습니다

운동장에서 아이들이 까르르 깔깔
학교 밖에서 자동차들이 까르르 낄낄
지나는 사람들 모두 까르르 껄껄

할머니의 휴식

건이는
밭에서 내내
굽은 허리 펼 새 없는
할머니에게 달려갑니다
휴식이 되려고 갑니다

"우리 강아지 어서 온나."
할머니가 잠시 허리를 펴고
건이를 안아 줍니다

예의 바른 딸기

1판 1쇄 발행일 2017년 4월 10일
1판 6쇄 발행일 2023년 1월 25일

지은이 김미희
그린이 안재선

발행인 김학원
발행처 휴먼어린이
출판등록 제313-2006-000161호(2006년 7월 31일)
주소 (03991) 서울시 마포구 동교로23길 76(연남동)
전화 02-335-4422 **팩스** 02-334-3427
저자·독자 서비스 humanist@humanistbooks.com
홈페이지 www.humanistbooks.com
유튜브 youtube.com/user/humanistma **포스트** post.naver.com/hmcv
페이스북 facebook.com/hmcv2001 **인스타그램** @human_kids

편집 정은미 **디자인** 박인규 **용지** 화인페이퍼 **인쇄** 삼조인쇄 **제본** 광현

글 ⓒ 김미희, 2017

ISBN 978-89-6591-331-3 73810

- 이 책은 2015년 한국문화예술위원회 아르코 창작 기금을 받았습니다.
- 이 책은 저작권법에 따라 보호받는 저작물이므로 무단 전재와 무단 복제를 금합니다.
- 이 책의 전부 또는 일부를 이용하려면 반드시 저작권자와 휴먼어린이 출판사의 동의를 받아야 합니다.
- **사용 연령 8세 이상** 종이에 베이거나 긁히지 않도록 조심하세요. 책 모서리가 날카로우니 던지거나 떨어뜨리지 마세요.